내 마음의 바다

2022

내 마음의 바다

최은하

세상을 빛나게 할 아름다운

님께

사의재

■**시인의 말**

정성과 시간을 들이지 않고
얻어지는 것은 없다.
쉽게 잠이 깨는 봄밤
내 마음이 닿는 모든 것들이
바다였던 순간들
시 앞에 거듭 무릎 꿇던 시간들을
여기 내려놓는다.

2022년 첫봄
최은하

차례

내 마음의 바다

■**시인의 말**

1부

내 마음의 바다 13
갓바위 해변에서 14
노을 15
대반동에서 16
마음이 마음에게 17
바름과 밝음 18
불혹(不惑) 19
색연필 20
사랑 아닌 것들 21
정원이 있는 찻집 22
서시 23
평화를 위하여 24
기도 25
엄마 26
심연 27
소금인형의 꿈 28

2부

바람의 말 31
길 32
고천암호에서 노래를 부르면 33
나를 위한 기도 34
내 안에 차오르는 빛 36
노을공원에서 쓰는 편지 38
눈꽃 39
또다른 이름 40
봄의 찬가 41
봄비 42
사랑에 관한 몇 가지 질문 43
식빵을 먹으며 44
어머니의 노래 45
위하여 46
유달산 47
선화에게 48

3부

목포 51
여름을 놓치다 52
마음 53
유달산의 봄 54
장마 55
첫눈 내리는 날 56
하루 57
햇빛소리 58
겨울대반동에서 59
노을공원에 봄비가 내릴 때 60
낙화 61
단풍 62
서리 63
시 읽기 64

4부

시인의 말 67
겨울연가 69
노을공원의 아침 70
단풍 속으로 71
선물 72
시소 73
바람개비 74
바람꽃 75
유달산의 겨울 76
첫사랑 77
추억 78
편지 79
터널 80
후조(候鳥) 81
기도에 대하여 82

5부

출발 85
그리움의 온도는 깊다 86
날개 87
노을공원의 봄 88
단풍이 들 때 89
봄바람 타고 90
봄 편지 91
비상(飛上) 92
지천명(知天命)의 노래 93
하당에 살며 94
청포도 96
수선화 피던 날 97
꽃길 98
■해설: 삶의 무수한 슬픔들에게 바치는 감사 기도
　　조기호(시인,아동문학가) 99

1부

내 마음의 바다

발길 닿는 곳에 늘 바다가 있었다
거세게 휘몰아치다가도
어느새 잠잠해지곤 하던 바다에게
나는 수 없이 길을 물었다
누군가의 이별을
어떤 이의 가슴 뛰는 미래를
품에 안고도
바다는 말이 없다
세상을 다 품은 바다는 없다고
모든 걸 다 가진 사람은 세상에 없다고
파도의 이랑만큼만
겹겹이 길을 내며 살아야겠다고
바다에게 말을 걸어본다
속 깊은 바다 수면 위로
문득 햇살 차오른다
마음 닿는 곳에 늘 바다가 있었다

갓바위 해변에서

바람결 일고 잦는 해면 위에서
어른들은 지나버린 시간을
아이들은 떼 지어 몰려다니는 물고기를
읽어내곤 하는데
어디로 가는 걸까
흐를 대로 흐른 바다는
제 뿌리 휘어드는 것을
견딜 수 없어
눈발이 가슴에 휘어드는 날
하늘로 하늘로 솟아오르려는

노을

하늘이 세상에 스며드는 자리
분홍빛 아쉬움이 발을 동동 구른다

대반동에서

한 무리의 별을 보았지
절실하게 물결이 부딪치고 간 여름은
흔적 없이 사라졌고
사람들의 숲 속에서 잠시
만남을 찾던 너의 기다림을
또 기다리며
자꾸만 밀려가는
파도처럼 멀리에 서면
서글서글 모래가 웃어대고
새벽하늘 가득
너의 웃음이 빛나고 있었다

마음이 마음에게

길가의 돌멩이조차 함부로 놓여 있지 않으니
마음아 바라지 않던 곳에 날아가
다른 마음의 재가 되지는 말아다오

앉아서 벽이 되기보다는
어디든 걸어가 숲이 되어다오
끝없는 숲길에 작은 꽃으로 한평생 살다 보면
푸르다 지친 그곳
꽃 같은 길이 되고
나무 같은 숲이 되는 것임을 기다릴 줄 알아다오

함부로 제 크기를 재거나
쓰임을 알기 위해 소리치지 말아다오
말처럼 뜨겁고 사나운 목소리를 내기 위해
제 맘이 하는 말 알아듣지 못하여
머뭇대는 바람이 되지 않게 해다오

마음아 깊이조차 알 수 없으니
다시 나의 키 작음을 재지 않게 해다오
가던 길 무심히
자잘한 여백으로 스미게 해다오

바름과 밝음

내 작은 빈방에는
손톱만한 어둠이 살았습니다
조그만 게 하늘을 다 가린 줄 알고
어린애마냥 울고 보챘더니
금세 겨울이 오고
쉽게도 봄은 지나쳐 갔습니다
생각해 보니
똑바로 걷는데도
길이 흔들린다고 생각했던 거였어요
상처는 내 잘못이고
흉터는 내 몫입니다
조금씩 웃다가
한꺼번에 많이 울고 나니
키가 작아진 하늘이
내게 속삭입니다
울지 마, 바보같이
오늘 방 안 가득
하늘이 스며듭니다

불혹*(不惑)

후드득 빗소리에 눈꽃 되어 날리는 은행잎이 아차 하며 마음을 졸여왔다 서늘서늘 겨울이 깊어오고 외투 속으로 깊이 손을 집어넣은 그림자들 저녁을 끌고 가는 거리엔 어둠이 길다 은행잎 후루루 바람을 타는 저녁 어둠은 깊고 서둘러 시간은 멈추었다

*불혹(不惑):무엇에 홀리지 않는다는 뜻으로 나이 40을 이르는 말.

색연필

열두 가지 색깔이 무지개처럼 고와요
그림이랑 편지랑 내 마음도 그린 걸요

사랑 아닌 것들

태양 아래 눈부신 건
웃음만은 아닐 거야
눈으로도 마음으로도
가볍게 지나친 농담 같은 것
마음의 한 모퉁이
아련한 기억의 조각들까지도
어느 날 나를 움직이는데
어쩌면 아이들이
어른을 키우는 건지도 모르겠어
나도 몰래 아쉬워했던 것 말고
언제나 그대로인 것들
변명으로는 흉내 낼 수 없는
지금 이 순간도
사랑은 아닐 거야
사랑은 아닐 거야

정원이 있는 찻집
-라일락에서

푸르게 하늘이 열려 있는 창가
지붕을 덮는 등나무의 잎새들이
여유로워 오늘은
가을이다

흔들리는 가지마다 비라도 적셔올 듯
그들의 표정 속으로
불빛처럼 흔들리며 계절이 깊어 올 때

여전히
만남에 익숙지 못한 얼굴을 하고
앉아 있는 흔들의자는
따뜻한 겨울을 그리며
불빛의 온기를 나누려는 걸까

서먹한 그리움까지도 품고 가는 가을
그 한적한 뜨락에
미풍처럼 지는 고요

서시

하느님은 남자를 철들게 하기 위해 여자를 만드셨다는데
아무래도 철들지 않는 나

평화를 위하여

한 사람 한 사람의 마음이 모여
세상의 평화를 이룹니다

한 사람 한 사람의 행동이 모여
세상의 평화를 지킵니다

세상의 평화를 위하여
내 마음에 그릇됨이 없는지
먼저 살피겠습니다

세상의 평화를 위하여
내 행동에 잘못이 없는지
늘 조심하겠습니다

나와 상관없는 사람들까지도
아프거나 다치지 않고
평화 속에 살아가기를
마음 모아 기도하겠습니다

기도

먹빛 포도알 같은 아이의 눈 속을 향해 간다
평화의 비둘기 한 마리 바그다드로 바그다드로

엄마

내 안에서
나를 품는 바다

심연

마음이 하늘보다 푸르다는 것을
사랑이 바다보다 깊다는 것을 알 때까지

소금인형의 꿈

조금씩
아주 조금씩
바다를 향해 발을 내딛는다
바닷물에 두 발을 다 적실 즈음
푸른 갯벌 같은 제 몸이 녹아내린 후에야
마침내 바다에 이르러
해일 같은 환호를 다독이는
꿈

2부

바람의 말

사랑하는 것은 죄가 아니다
사랑하지 않는 것도 죄는 아니다
눈은 마음의 창이 아니라
건강의 창이라는 걸 알고 난 다음부터
날마다 맨 처음의 하늘
맨 처음의 새벽을 본다
그 하늘
그 새벽은
놀랍게도 내게 행복한 인사를 한다
반짝, 새벽별이 빛난다
스쳐 지나간 바람에게서 듣는다
오늘이 없으면 내일도 없단다
그대 가끔 휘파람 소리 듣겠지만
이제는 어제를 놓아 주거라
살다 보면 수십 년의 시간마저
거짓말처럼 무너져버리기도 하지
그래서 일이건 사랑이건
평생을 걸지 않으면 안 되는 거구나
그런 거구나
생각하게 되는 거란다

길

그는 나의 길고 어두운 터널이었을까
외롭고 쓸쓸한 숲속에 자라난
한 줄기 풀꽃 같은 기원
시간의 그늘을 따라가다
어쩌면
나 또한 그의 짧은 쉼터조차 되지 못한 채
눈과 귀를 막는 터널이었던 건 아닐까
모두에게로 통하는
모두에게서 걸어 나온 길
맨발로 걸어
손바닥만 한 어둠을 지워내면
그만한 쓸쓸함까지 비워내면
마침내
그의 생애를 건 숲
나의 기원을 거둔 나무

고천암호에서 노래를 부르면

노래를 부르면 알게 되지
갈 숲의 낮은 목소리
그 노래 속에
끝없이 강물 흐르고
푸르디 푸른 하늘이 뛰닫는 것

노랫말 속에 흐르는 수초와 물고기 떼
뒤엉킨 상처를 풀어헤치고
기억의 먼 그곳까지 달려 나가
몇 날씩 가슴에 멍울로 앉았던
주먹만 한 돌덩이조차
가만히 쓸어안고 제 안을 들여다보는
갈대에게는
더러 옛날이 되기도 하는 기억인 줄을

두세 마디 아직은 수액이 남아 있는
갈대를 툭, 분질러
관상용으로 또는
감각용으로 마구 가슴에 밀어 넣어도
억지로 흐르는지 무거운 물길이
황토로 범벅이 되어
차마 잊히지 않으리

나를 위한 기도

습관도 중독이 된다는 걸
예전엔 알지 못했습니다

게으름도 죄가 된다는 걸
항상 기억하고
매일매일 부지런한 삶을
살게 하소서

마음이 어둡고 좁은 길을
걸으면서도
저를 살필 줄 아는 사람이
되게 하소서

세상 무엇을 통해서도
좋은 것을 배우고
자신의 거울은 자신이란 걸
잊지 않게 하소서

작은 일도 제대로 해내는 것이
큰일이라는 것을 알고
언제 어느 곳에서나

가치 있는 사람이 되게 하소서

외롭고 지쳐 있을 때에도
따뜻한 마음 잊지 않고
너그러운 사람으로
살게 하소서

제 뜻대로 살아가지만
하늘의 뜻대로 이루어지는 것임을 깨닫고
어떤 유혹과 고난 속에서도
바른 길을 가게 하소서

내 안에 차오르는 빛

가을 햇살이
투명하게 무너뜨린 창가에 앉아
과일을 깎는다

단내 나는 껍질이
돌돌 안으로 말리며
무늬를 이룬다

봄
여름
가을, 겨울

휘청거리며
한 장의 달력이
내려앉는다

아이의 어린 손짓에
무심히 떨어지는
사과 껍질처럼
순간순간 흩어지는
그 꽃잎들

텅 빈 가을의 끝에서
무한의 시간을 보는 눈
바쁘고 서툰 낙엽
거리에 가득한 가을을
온기 어린 눈빛으로 끌어안는다

노을공원에서 쓰는 편지

무성한 기다림이 숲처럼 깊어지는 오후
바다는 그늘이 깊다
가을의 표정을 읽듯
밀려왔다 밀려가기를 반복하는 파도
파도는 얼마나 먼 길을 달려
여기까지 왔을까
지극한 그리움으로 마음을 여는 가을엔
친구야, 니 생각이 새롭다
달빛 가득한 창의 풍경으로
안부를 묻던 너에게
달빛 가득한 노을공원의 가을을 보낸다
어느 날 예약된 풍경이 없이도
파도처럼 먼 길을 달려 우리 만나자
그늘이 점점 깊어지는 바다를 보며
우리도 바다처럼 깊어지기로 하자

눈꽃

향기롭다
떨어져 누운 꽃
추위, 흔들리는 제 몸
가볍게 떨며
저리 눈부신 흰 빛이더니
구름의 안색도 닮았더라
하마터면 쓰러질 듯
하늘을 밀어내며
그도 목숨의 긴 사슬
추억을 가졌을까

또 다른 이름

나는 두 아이의 엄마 한 사람의 아내
또 다른 이름은 종종 잊어버린다

봄의 찬가

봄은 꽃 넋에 앓고
여름엔 지나버린 봄을 아쉬워하고
가을, 가을엔
그 봄 그리워하며
하얀 겨울 내내
봄 기다리리

봄비

초록에게 묻는다
이렇게 누군가의 그늘이 되어 줄지를
이미 알았느냐고
연둣빛 손길에 휩싸여
꽃 잔치에 눈이 먼 사람 사람아
꽃들 찬란하게 산길 오르내리고
발등 위에 봄비 흩뿌릴 때쯤
봄이 더딘 사람의 마음에도
자운영 꽃밭처럼 가슴 뛰는 소리
두두두두 잰걸음으로 달려와
제법 늘씬한 기지개를 켜면
꽃빛조차 물안개처럼 아련한 날
유행처럼 휩쓸고 간
축제

사랑에 관한 몇 가지 질문

핑계가 되지 않도록
미련이 남지 않도록
시작부터 온전한 마음이었는지

나에게도 너에게도
언제나 진심이었는지

연필로 눌러쓴 글씨처럼
또박또박 정직한 추억이었는지

빗물이 되어
강물이 되어
먼 바다까지 스며드는 그리움을 가졌는지

식빵을 먹으며

아직 유통기한이 남아있는
식빵에 곰팡이가 묻어 있는 걸 본다
방부제야말로
그보다 더한 독이 아닐까 생각하다가
사랑에도 유통기한이 있다는 걸 눈치채고
그 사랑을 돌아본다
유통기한이 다 되기도 전에
시간의 앙금처럼 눌러앉은 곰팡이
사랑도 생물이라 자꾸만 움직이는 걸
그 움직임을 막아줄 무엇이 있겠느냐며
고개를 끄덕인다
꼭꼭 씹어 단맛을 느낄 때까지 식빵을 먹다가
그제서야 마음을 끄덕인다
방부제가 아니어서 다행이다

어머니의 노래

기억 속으로 꼭꼭 숨겨둔
노래를 부르시는
어머니의 목소리에도
백발이 성성하다

와와 억새가 무성한 숲을 이루고
억새 숲 사이
비집고 들어가 앉은 세월
기꺼이 노래로 남아

무디어진 손끝 마디마디
어쩔거나 한숨이 되어도
하하 아카시아 향기처럼
눈물이 번져 오는 것

기쁨이 슬픔인 채로
슬픔이 기쁨인 채로

위하여

술자리에서나 흔히 하는 건배사가 아니다
생애 한 번은 누군가를 위한 삶
꼭 살아내야 한다는 걸
지천명(知天命)이 지나서야 생각해 냈다

드라마에 빠지고
술에 빠지고
음악에 빠지고 사랑에 빠지고
빠지다 보면 알게 될까
그토록 무심했던 삶이
나를 위한 것도 아니었음을

그냥 지나쳐버리기엔
한 생애가 너무 길어
후회 없이 꿈꾸어 볼만한 것임을

한순간의 맹목으로 치닫지 않으면
설렘도 불러오겠지
나는 당신을 위하여
당신은 또 나를 위하여

유달산

서툴구나
외롭게 거절당하는 몸짓 또한
가슴에 묻어둔
작은 어둠인양 이가 시리다

홀홀이
일어서 부서지는
파도의 그리움이다
그리고

한 때는 까마득히 먼
내 마음의
별이던가

마른 곳 하나 없이
젖어 있는 산이더라

선화에게

봄이 참 고왔다
벚꽃이 한창일 때
비빔국수 해 먹자던 약속도 지키기 전에
수군수군 가을은 와버렸는데

땅에 물이 많으면
단풍이 곱다던 말을 처음 들은 그때
봄보다 먼저 온 겨울이
우연이 아니란 걸 알게 된 것도 처음이었다

꽃빛이 그토록 눈부신지를
봄날이 그토록 찬란한지를
바라만 보다 지나쳐버린 봄이 왜 아쉬운지를
오래오래 겨울에게 묻고 싶었다

3부

목포

맨 마지막이 맨 처음이 되는 곳
눈부신 바다를 남쪽으로 끌어안아
하늘도 처음처럼 바다와 마주 선 곳
버려진 이름으로는 살아갈 수 없어
이별도 만남도 아쉽기만 한 이곳에서
유달산을 곁에 두고 흐르는 다도해야
뒷개로 하당으로 영산호로
끝없는 기억을 남기며 다시 천년을 흘러가라
눈물조차 찬란한 목포는
미래를 약속하는 최초의 귀로

여름을 놓치다

처서도 지나고
8월도 끝자락
코로나 때문에
친구도 맘껏 못 보고
가족들 모두 한 자리에 둘러앉아
삼겹살 파티한 지도 오래전 얘기
이 여름 나는 뭘 했을까
여름은 강렬했고
시간은 짧았다
한껏 뜨거웠던 여름이
어느새 저만치 가고
연일 내리는 빗속에
성큼 9월이 오는 소리
열정의 끝에서 가을이 온다

마음

세상 가장 멀리 있는 말
한 사람을 지운다는 것
세상 가장 가까이 있는 말
한 사람을 사랑한다는 것

멀리에서 가까이
가까이에서 멀리
바람처럼 향기처럼
꽃잎처럼 햇살처럼

유달산의 봄

반듯한 돌 하나도
세워 놓지 않은
벌거숭이 빈 산이
뒤돌아 금강이라는 것을 이제는 보아라

봄날이 아쉬운 꽃들의 향연
유달의 등허리를 휘감아
눈부시게 그리운 님의 걸음을
함께 걸어보아라

꽃들의 시선보다 더 먼저
가슴에 새겨지는
일등바위
이등바위

그보다 더 빨리
내 몸 속으로 흐르는
초록의 아지랑이들
다시
봄이 오는 소리를 들어 보아라

장마

무력으로 저 더위를 막아 보겠다면
하늘까지도 맑음으로 덮어줄 것
지루하다 지루하다
끝내 상심이 되어버린 날들
햇덩이를 삼켜버린 여름을 식히느라
쏟아지는 폭우 속에서
갑자기 사람들이 숨어버린
동부시장 오후 네 시
옥수수 팔던 할머니의 굳어버린 표정처럼
파장이 아쉬운 난전을 돌아보며
가시나무 같던 마음
조심조심 내려놓는다

첫눈 내리는 날

첫겨울의 차디찬 이마 위로
짙은 우수가 밀려갈 때쯤
온 세상 하얀 대낮을
사뿐히 눈은 내리고
여전한 흰 눈의 아쉬움을 보태어
그리움 켜켜이 쌓여 있다
하늘을
바다를
그대 백 가지 고난 속을
흰 눈, 가벼운 걸음으로 걸어 들어가
기쁜 악수를
짧은 안녕을 건네면
겨울조차 낮은 강물처럼 느리게 흘러
화안한 그리움이 되는
첫눈 내리는 날

하루

목마른 화분에
물을 주는 일조차 낯설다
먼 지평 위로 쏟아질 듯
하루가 지는데
썰물 같던 사람들
와삭, 등을 떠밀며
도시의 긴 터널을 빠져나갈 때
밤으로 손을 뻗는
무한의 별빛
차마 거두지 못한
목소리 와삭와삭
목이 마른 하루의
말 없는 말

햇빛 소리

햇빛의 소리를 느껴 보세요
들을 수 있는 모든 아름다움을
빛을 통해 가슴에 담아 보세요
반짝이는 은빛 파도의 눈짓
코발트색 하늘의 눈부신
소리, 소리 들을

겨울 대반동에서

소용도 없이 푸른 바다 대반동에서
너울너울 갈매기가
하늘로 날아올랐다
사람의 일일랑 미련도 없이
저녁해는 떠나가고
푸르러 눈이 부신 햇살이
눈물보다 투명하다
보랏빛 오후
아직도 멀기만 한
내 안의 그대를 확인하며
바다의 그리움
낙엽만 한 사연을 적어
그대를 보낸다
그대는
다시 봄을 기다리는
한몫의 사랑이 있음을
잊고 있다 그대는

노을공원에 봄비가 내릴 때

하늘빛 뚝, 뚝, 꽃잎에 물들면
나는 따스한 봄볕이 되겠습니다
그대 마음 안에 스미는 봄
살며시 그리운 이름이 되겠습니다
그대는 꽃 진 후에도 찾아오는
하늘빛 봄이 되어주십시오
그리움이 봄비 되어 내릴 때
그대 그리움으로
봄이 내 안에 머물 테니

낙화

바람도 불지 않는 허공을
날갯짓하는 일이
이다지도 아슬할까
누군가의 가슴에 닿아
가장 낮은 땅 위에서도
끝내 꽃으로 남는 일
떨어지는 순간에도
향기로 남은 꿈

단풍

불붙는 아픔
설렘
더딘
손길을 건네고

바람을
혹은
세월을 거슬러

그리운
사람에게로
보고픈
사랑에게로

그 마음 한없는
노래여
노래여

서리

그녀가 등을 돌린 곳은
서둘러 해가 지고
5월의 밤하늘은 칠흑같이 깜깜했으며
6월엔 마른장마가 지속되었다
바람 한 점 불지 않는 여름밤
수박은 재를 넘고
오래된 연인처럼 가을이 지루했으며
드디어 만추의 계절이 지나
아무런 준비도 없는 11월의 끝자락이
성큼성큼 겨울을 몰고 왔다

그러나
이것은 모두 옛날이야기

시 읽기

눈으로
입으로
가슴으로

베인 자리 붉은 꽃물이 들 때까지

4부

시인의 말

때로는 시를 쓰는 일이
하찮게 여겨질 때도 있지만
몇 날을 끙끙대도 보이지 않던 정점이
활자화되어야 보이는 미련함을
아찔하게 껴안아야 하는 두려움도 있지만
누군가의 가슴에 남아
꽃물로 번져 갈 수 있다면
시인은 그 마음 멈추지 않으리

글 쓰는 이의 숙명
많이 읽고, 많이 생각하고
많이 쓰며
제 이름 하나 세상에 별이 되었을 때
시를 꿈꿔도 좋으리

'기록'과 '사유'
시인이 닿아야 할
최초이자 최후의 사명
시인도 나이가 들고
대책 없이 늙어가겠지만
시가 세상에 첫발을 디디는 순간부터

그 책임 끝내 시인에게 있으므로
함부로 웃거나 울지 않으리
세상 속의 웃음과 눈물을 삼키는 이여

겨울연가

겨울이 오려던 걸음 멈추고
햇살을 가득 품은 창가
하당으로 가는 버스 안에서
아침을 맞는다
어제는 바빠서 허둥대던 나를 도와주던
낯선 손길로부터 감사를 읽었다
겨울이 내내 춥지 않고
때때로 따스한 것은
햇살의 온기로 읽히는 감사와
사라질 때까지 빛을 잃지 않는
흰 눈의 가벼움으로부터 온다
흰 눈의 가벼움이 그리움으로 기억될 때
겨울의 가장자리에는 봄이 와 닿고
기억의 저 끝까지 꽃은 피겠지

노을공원의 아침

물소리 듣는 게 좋아서
바다에 왔지
새소리 같기도 하고
어린 풀잎이 눈 비비는 소리 같기도 한
물소리 들으며
세상의 소음 다 내려놓고
한 세상 품어 안았지
돌부리에 넘어져도
괜찮다 괜찮다
내 아이를 감싸던 마음으로
다시 하늘을 보고
바다를 보았지
하늘은 낮아지고
바다는 출렁이는데
내 안까지 비추는 햇살이 가까워질 때
서둘러 아침이 다가오고
초록빛 잎들이 무성한 풍경들은
어느새 가벼워졌지

단풍 속으로

한 뼘의 두려움 없는 불길로 타올라라
뉘우침 없는 인디언 썸머*의 영화 감상문처럼

*인디언 썸머 : 가을 끝에 오는 여름처럼 강렬한 날씨
 '만년의 행복'이라고도 함
 - 2001.5. 노효정 감독. 박신양, 이미연 주연의 멜로 영화

선물

여러 해 동안 써 오던 한 주먹의 필기구
어린 딸이 문구사에서 샀을 것 같은 귀걸이
비뚤비뚤 연필로 눌러 쓴 아이의 편지
자꾸 흔들리는 이의 흔들리는 팔을 잡고
안겨주는 꽃다발
여름날 눈부신 태양과 하늘
사랑하는 이와 함께 있는 시간

시소

당신은 너무 무겁고
나는 너무 가볍고
무게를 견디는 사이
햇살은 길어지고

바람개비

바람이 내게로 온다
나는 바람에게 달려간다
노란색
아, 웃고 있다

바람꽃

행여 사소한 형기에 취해 흔들리거든
다시 뒤돌아보지 마라
지나버린 시간
얼음처럼 차고 매서워
흔들리는 그대 발목을 붙드리니

유달산의 겨울

늘
돌아가는 길
쉽게 잃어버린 마음을
애써 돌이키려고는 하지 않는다
끝도 없이 나를 향해오는 바람
날마다 길을 찾는다
나를 의식하지 못함은
얼마나한 불행인가
유달산 산정(山頂)의 푸른 안개와 바람
이른 저녁의 연보랏빛 노을
또다시
긴 시간들을 사랑할 자신은
이젠 내게 없는가
어둠을 푸르게 하는 별이 되기 위하여

첫사랑

시집을 내야겠다는
생각만으로도
마음이 설렌다
언젠가 그대 생각에
잠 못 이루던 밤처럼

추억

강물 같은 시간이 흐른 뒤엔
아픔도 따뜻한 체온으로 만져진다는 것을 알 때까지
눈빛도 되고
그리움도 되고
한 장의 흑백사진처럼
팔랑팔랑 가슴에 내려앉기도 하는

편지

소리 내어 울지 않기로 했다
슬픔을 보듬어
가슴 가득 쌓아놓은 잿더미
다 날려 보낸 후
봄도 꽃처럼 피는지
묻지 않기로 했다
불붙던 봄이 지칠 때
오래 기억된 노래처럼
그대 부르리

터널

손바닥만 한 어둠이 하늘을 다 가린 줄 알았다
빛을 향해 달리는 문

후조(候鳥)

가을이 스쳐 간 하늘 빈자리
섬광처럼 지나친 몇 점의 기억

기도에 대하여

정말로 아프면
마디가 꺾인 채로는
소리 내어 울지 않는 법
기어이 치유할 수 없는 통증으로 밤을 새워도
흔들리지 않는 눈빛으로 새벽을 걷고
갖고 싶은 그 어느 것도 소유하지 말고
다만 할 수 있는 일을 하는 것
기도란
소리 내어 무릎을 꿇는 일이 아니라
마음속에 꽃등 하나
간절하게 밝히는 일이란다

5부

출발

말이 길구나
소란스럽지 않게
나를 돌보는 거야
세상을 다 가진 것 같은
세상을 다 잃은 것 같은
그런 기쁨, 그런 슬픔
한 번쯤은 가져봤잖아
오늘이 내 인생에서
가장 아름다운 날
자, 이제 시작이다

그리움의 온도는 깊다

밀물과 썰물 사이
하루의 밀도를 재듯 푸른 바다
그리움의 빛깔들은
단숨에 가을 속으로 숨는다
사라져 간 것들의 기억 어디쯤
소소한 아쉬움 피어나고
절실했던 어제가
아쉬움 속으로 무디어져 갈 때
사람들의 소망 담은
수평선 위로 떠오르는
그리움의 온도는 깊다

날개

무게를 느낄 수 없을 만큼 가볍고
바람이 만질 수 없을 만큼 빠른
순간과 영원의 가장자리

노을공원의 봄

노을공원에 와서
차르르 차르르
말 없는 바다의 소릴 듣는다

바다의 경계 뒤로
잘 자란 유채꽃이
어린애 마냥 싱그런 윙크를 한다

수심 깊은 바다에게
사람들은 저마다의 안부를 묻고
하얀 토끼풀이 파도를 닮았다고 느낄 때

바다는 온몸을 부딪쳐
차르르 차르르 소릴 내는데
나는 평생을 부딪쳐 무슨 소릴 했을까

바다가 온몸으로 부딪칠 때
사람들은 노을에 기대어
또 어떤 꿈을 꾸는 걸까

단풍이 들 때

밥 먹었냐
수화기 너머 친정엄마 목소리
유난히 붉다

상표가 얼룩진 화장품 바구니가
부엌방에 뒹굴 때
멋모르고 투정 부리는
딸자식 새벽잠 놓칠까 봐
사기그릇처럼 품에 안으시던 친정엄마

카랑카랑 힘 있는 목소리도 아닌데
그 말씀 거역할 수 없다는 것을
마흔이 넘어서야
딸은 알게 되었다

꽃 진 날
엄마 목소리
앞산까지 물들어 오던
단풍처럼 붉다

봄바람 타고

아쉬움이 모로 눕는 밤
홍매화 붉어지는 소리에
쿵! 떨어지는 사과 한 알

봄 편지

꽃바람 일 듯
마음이 바빠지면 생각해요
더는 기다릴 수 없어서 봄이 오는 거라고
흰 눈이 오래 머물지 않는다 해도
꽃이 더디 핀다 해도
내 안에 그리움을 키우겠어요
어머니의 모순 위에 쌓여 있는 내 모순덩어리를
더 빨리 눈치챘어야 했다는 걸
몇 번의 봄이 훌쩍 가버린 후에야 알게 되었지만
그뿐이겠어요?
여전히 봄은 오고
하늘과 땅에 꽃들 눈부신데
겨울, 그리고 봄
순리대로 사는 법을 배워야겠어요
아름다움을 익혀야겠어요

비상(飛上)

10년을 아팠다
마음은 더 오래 아팠다
쓰러지다
일어서다
일어서다 쓰러지다
반복에 반복을 더하고서야
나는
내가 되었다

지천명*(知天命)의 노래

함부로 놓여 있는 의자는
시선을 불편하게 한다
그러다가 마음까지 불편하게 한다
함부로 놓여 있는
의자는 되지 말자

길 밖에서 길을 찾는 것이
젊음이라면
나이 들어간다는 건
길 위에서 길을 잃어가는 것은 아닐까

길이 될 수 없다면
누군가의 의자가 되어주는 것도
괜찮을 거라며
툭, 어깨를 치는 햇살 한 줌
당신의 하루도
누군가의 의자가 되기 위해
바쁘고 휘청거렸다는 걸 안다는 듯이
조심조심 노을빛에 물들어간다

*지천명(知天命) : 하늘의 뜻을 아는 나이, 나이 오십을 이르는 말

하당에 살며

바다에 가면
잃어버린 시간을 찾을 수 있을까
한바탕 비가 내리고 나자
바람이 다르다는 걸 알게 되는 아침
마음은 서둘러 바다로 향하고
시간을 헤아리다
롯데마트 사거리 육교 앞에 섰다

멈춰 서서 기다려야 하는
횡단보도를 지나
이제는 하나, 둘 사라져 가는 육교 위에 서면
시내로 또는 남악으로 향하는
차들의 행렬 속으로
바쁘고 서툰 일상이 흘러간다

해상 보행교 위를 걸어가니
마중 나온 듯 나란히 서 있는 갓바위
내가 뛰면 함께 뛰는 평화교를 건너면
출렁이며 품 안에 드는 바다
바다가 곁에 있어도 바다가 그리운 사람들

고단한 하루를 내려놓는 평화광장
그 바닷가
언제고 나는 다시 그곳에 가야지
9월이 오기 전 신나는 걸음으로 바다에 가야지

청포도

푸르른 여름 기어이 닮고만
연초록 땀방울 이토록 눈부실 줄이야

수선화 피던 날

꽃향기로 붐비는 봄
사람들의 거리에서
그리운 너의 얼굴을
별빛으로 읽는다

봄은 향기로 오고
그리움은 추억 속에 머문다
멀어서 아름다운
그대가 그리워지는 날

꽃길

꽃길만 걸으랬더니
바람 불고 비도 오더라
바람 불고 비 오는 길
꽃길이 아닌 줄 알았는데
하얀 눈 내리니
꽃길 더욱 눈부셔라

【해설】

삶의 무수한 슬픔들에게 바치는 감사 기도
- 끊임없이 길을 물어야 했던 '내 마음의 바다'에게

조기호(시인, 아동문학가)

 최은하 시인은 잘 정돈된 책상처럼 반듯한 인상을 준다. 게다가 항상 온화한 미소와 다정한 말씨로 누구에게나 친절하여 많은 사람들이 좋아하는(?) 사람이다. 하지만 자신에 대해서는 철저하여 일체의 빈틈이나 허물을 용납지 않으려는 외유내강外柔內剛형의 성품을 지녀서 최 시인의 다감함과 성실함이 늘 부럽고 존경스러웠다.

 그런 최 시인이 10여 년 전, 아무런 소식도 없이 문단(목포문협)으로부터 종적을 감추고 말았을 때 많은 문우들이 안타까워했었던 것을 기억한다. 최 시인은 그 당시 박화성백일장(2001)에 입상한 뒤 목포문협회원으로서의 활동과 더불어 두줄시인협회 및 문학동인 〈창〉회원 등으로 다양하게 활동하면서 개인의 창작활동을 열심히 전개하고 있었기 때문이었다. 그런데 그동안에 최 시인이 시력을 상실할 정도의 심한 병고를 치렀다는 뜻밖의 후문이 있었기 때문에 더욱 그랬을 것이다.

 그러던 최 시인이 다시 건강을 회복하여 문예지 2022년 『물과 별(가을호)』'신인상'에 당선되어 자신의 시작詩作 능력能力이 건재함을 보여주더니 마침내 그동안의 아픔을 홀로 인내하며 남모르게 써왔던 시들을 모아 한 권의 시집을 펴내고자 하는 것이었다. '시집을 내야겠다는/ 생각만으로도/ 마음이 설렌다/ 언젠가 그대 생각에/ 잠 못 이루던 밤처럼 (「첫사랑」 전문)' 최 시인의 마음과 같이 내 마음도 참으로 반갑고 기쁜 소식으로 즐거웠던 것이다. 하지만 그런 인고忍苦의 시詩들을 감히 내가 나서서 언급한다는 것이 너무 조심스러웠다. 그래서 극구 사양하였으나 역경을 극복하고 새롭게 시작하는 최 시인의 아름다운 행보行步에 응원의 박수를 더한다는 뜻으로 결국 최은하 시인의 첫 시집 『내 마음의 바다』를 먼저 읽게 되었음을 밝혀드린다.

1. 삶, 그 지난했던 시간들에 대한 물음

시는 다만 거룩하고 고결한 하나의 상징으로서가 아닌 삶의 체험으로 존재하는 어떤 것인지도 모른다. 보잘것없고 사사로운, 그래서 지나쳐버리면 그냥 아무것도 아닌 체험들이 다 시詩의 소중한 잎이며 가지며 뿌리일지도 모른다. 그렇다면 시인의 삶이란 어떤 것이었을까, 그의 체험 속에는 어떤 형상의 기억들이 새겨져 있는 것일까.

후드득 빗소리에 눈꽃 되어 날리는 은행잎이 아차 하며 마음을 졸여왔다 서늘서늘 겨울이 깊어오고 외투 속으로 깊이 손을 집어넣은 그림자들 저녁을 끌고 가는 거리엔 어둠이 길다 은행잎 후루루 바람을 타는 저녁 어둠은 깊고 서둘러 시간은 멈추었다

- 「불혹(不惑)」 전문

끝내 미혹(迷惑)에 빠지지 않고 세상일에 정신을 빼앗기지도 않아야 할 나이, 그 불혹의 밤에 멈추어버린 시인의 심경은 왠지 두렵고 춥고 어둡고 쓸쓸하다. 무언가 좋지 않은 일이 생길 것만 같은 예감이기도 하다. 어쩌면 시인이 겪어야 했던 실의와 좌절의 날들이 그렇게 시작되거나 찾아왔던 것인지도 모르겠다. 그래서일까, '후드득 빗소리에 눈꽃 되어 날리는 은행잎'에서 서늘한 겨울을, 외투 속에 깊이 손을 집어넣고 걸어야 하는 나의 그림자를, 그리고 깊은 어둠 속에 마침내 내가 오래도록 갇힐지도 모른다는 조심스럽고 암울한 독백처럼 여겨지는 이 시를 통하여 시인의 녹록하지 않았을 삶의 여정이 사뭇 걱정스럽기도 하였다.

> 그는 나의 길고 어두운 터널이었을까
> 외롭고 쓸쓸한 숲속에 자라난
> 한 줄기 풀꽃 같은 기원
> 시간의 그늘을 따라가다
> 어쩌면
> 나 또한 그의 짧은 쉼터조차 되지 못한 채
> 눈과 귀를 막는 터널이었던 건 아닐까
> - 중략-
> 마침내
> 그의 생애를 건 숲
> 나의 기원을 거둔 나무
>
> 　　-「길」부분

노래를 부르면 알게 되지
갈 숲의 낮은 목소리
그 노래 속에
끝없이 강물 흐르고
푸르디 푸른 하늘이 뛰 닫는 것

노랫말 속에 흐르는 수초와 물고기 떼
뒤엉킨 상처를 풀어헤치고
기억의 먼 그곳까지 달려나가
몇 날씩 가슴에 멍울로 앉았던
주먹만 한 돌덩이조차
가만히 쓸어안고 제 안을 들여다보는
갈대에게는
더러 옛날이 되기도 하는 기억인 줄을

두세 마디 아직은 수액이 남아있는
갈대를 툭, 분질러
관상용으로 또는
감각용으로 마구 가슴에 밀어 넣어도
억지로 흐르는지 무거운 물길이
황토로 범벅이 되어
차마 잊히지 않으리

- 「고천암호에서 노래를 부르면」 전문

사람들은 누구나 고난과 시련을 마주하게 되면 주어진 상황에 대하여 분노하고 원망하며 어떻게든 현실을 부정하고자 한다. 그러나 시인은 주어진 현실을 고스란히 받아들이며 우리가 '짧은 쉼터조차 되지 못한 채/ 눈과 귀를 막는 터널이었던 (「길」)에서' 그 부딪히고 깨어졌던 지점을 돌아보며 세상 속의 모든 잘못과 허물이란 '네 탓'이 아니라 '내 탓'이 아니겠느냐는 고요한 물음과 자기 고백에 이르고 있다.

 그러나 그렇다 하여도 짊어진(?) 삶에 대한 아쉬움과 안타까움은 여전하다. 무언가 아쉬운 시인은 한적한 곳, 고천암호에서 노래를 부르며 마음을 달래보지만, '노랫말 속에 흐르는 수초와 물고기 떼/ 뒤엉킨 상처를 풀어헤치고/ 기억의 먼 그곳까지 달려 나가/ 몇 날씩 가슴에 멍울로 앉았던/ 주먹만 한 돌덩이조차/ (중략) / 억지로 흐르는지 무거운 물길이/ 황토로 범벅이 되어' 차마 잊히지 않는 것이다. 산다는 것은 끊임없는 '견딤'이라고도 했다. 누구를 위한, 아니 무엇을 위한 변명인지 모르지만 아픔 없는 삶이란 진정한 삶이 아니라고도 했다.

 하지만 그 삶의 모든 것을 보듬어야 했던, 그래서 끊임없이 힘써야 했던 사랑에 대해서 문득 초라해지는 시인은 자신의 모습을 보며 스스로에게 묻는다.

 핑계가 되지 않도록
 미련이 남지 않도록
 시작부터 온전한 마음이었는지

나에게도 너에게도
　　언제나 진심이었는지

　　연필로 눌러쓴 글씨처럼
　　또박또박 정직한 추억이었는지

　　빗물이 되어
　　강물이 되어
　　먼바다까지 스며드는 그리움을 가졌는지

　　　　- 「사랑에 관한 몇 가지 질문」 전문

　떠나보내고 난 후의 사랑이 진정한 사랑이라는 말은 '사랑은 아픈 것'이라는 말에 다름 아닐 터, 사랑을 떠나보낸 아쉬움이 많은 시詩다. 그때는 알지 못했던, 그래서 이제야 깨닫게 되는 사랑에 대한 뼈저린 물음이 붉은 노을처럼 처연하고 안쓰럽다. 온전한 마음과 진심을 담은, 그리고 끝내 정직한 추억으로 아름답게 그릴 수 있는 그런 열성과 정성을 지니지 못했던 지난날들에 대하여 뜨겁게 질책하는 저 물음들이 시인의 가슴에 문득 못처럼 박혔는지도 모르는 일이다.

　　바람도 불지 않는 허공을
　　날개 짓하는 일이
　　이다지도 아슬할까
　　누군가의 가슴에 닿아

가장 낮은 땅 위에서도
끝내 꽃으로 남는 일
떨어지는 순간에도
향기로 남은 꿈

- 「낙화」 전문

 어려움 속에서도 희망을 꿈꿀 수 있다면 축복이다. 그것이 희망이 아니어도 좋을 일이다. 다시 몸을 일으킬 수 있는 사소한 기운이라도 얻을 수 있다면 감사한 일일 것이다. 시인은 '낙화'를 통하여 시련과 좌절에 대한 긍정적인 의미를 이미지화하고 있다. 허공에 떨어져 날리는 꽃잎일지라도 누군가의 가슴에 아름다운 추억과 향기로 다시 태어나는 '소생蘇生(다시 태어남)'의 이치를 은근히 자기 다짐을 비유하는 하나의 상관물로 차용했을지도 모른다.

 그러나 시련을 이기며 살아간다는 것이 쉬운 일은 아니었을 것이다. '당신은 너무 무겁고/ 나는 너무 가볍고/ 무게를 견디는 사이/ 햇살은 길어지는.(「시소」전문)' 밤 또한 아주 길었을 것이다. 짊어진 삶의 무게가 버거운 날들 속에서 애써 몸부림하는 눈물 젖은 독백이기도 하였으리라.

늘
돌아가는 길
쉽게 잃어버린 마음을
애써 돌이키려고는 하지 않는다

끝도 없이 나를 향해오는 바람
날마다 길을 찾는다
나를 의식하지 못함은
얼마나 불행인가
유달산 산정(山頂)의 푸른 안개와 바람
이른 저녁의 연보랏빛 노을
또다시
긴 시간들을 사랑할 자신은
이젠 내게 없는가
어둠을 푸르게 하는 별이 되기 위하여

- 「유달산의 겨울」 전문

 길은 늘 돌아가야만 했다. 그래서 그때마다 다시금 좌절을 겪었지만 애써 그 모든 것들이 누구의 잘못이라 탓하지도 않으려는 것이다. 살아가는 일이 곧 시련과 고통의 연속이라 했다. 그러므로 내게 불어오는 그 바람(시련과 고통) 속에서 길을 찾는 것은 당연한 일이며 그러한 깨우침에 이르도록 힘써야 함을 단단히 마음에 새기려는 것이다. 평온했고 한없이 아름다웠던 지난날의 '유달산 산정(山頂)의 푸른 안개와 바람/ 이른 저녁의 연보랏빛 노을'과 같은 그런 삶을 그리는 화자의 고뇌가 숙연하다. 굳이 '또다시/ 긴 시간들을 사랑할 자신은/ 이젠 내게 없는가.'라고 스스로에게 되묻는 간절한 물음 또한 자꾸만 애달프게 들려온다. 그러나 그 모든 것이 '어둠을 푸르게 하는 별이 되기 위함'이라는 삶에 대한 시인의 절박한 바람이, 새로운 삶에 대한 의지가 어쩌면 여태껏 시인이 지나온 길에 대해 던졌던 여러 물음에 대한 답이 아닐까 싶어지는 것이다.

2. 실의와 좌절과 그리고 꿈, 긍정으로 바라보기

버려진 사람처럼 세상에 나 혼자일 때가 있었을 것이다. 내 눈에 다른 아무런 빛도 보이지 않을 때, 그저 나 하나만을 보듬고 뒹굴어야 할 때, 그때가 지옥이다. 시인은 인간관계의 갈등과 반복된 상처로 몽돌처럼 둥글어져야 한다는 삶의 모순에 대하여 연민의 눈을 뜨기 시작한다. 사람이 상처고 고통이지만 사람들이 모두 나와 같은 존재라는 걸 깨닫는다면 그 안타까운 모순(갈등과 상처의 삶)으로 부터 벗어날 수 있을지도 모른다는 생각에 이르는 것이다. 그리하여 마침내 껍질을 벗은 애벌레처럼 이해하면 용서하게 되고 용서하면 자유로워진다는 긍정의 마음으로 세상을 바라보기 시작하는 것이다.

　　길가의 돌멩이조차 함부로 놓여있지 않으니
　　마음아 바라지 않던 곳에 날아가
　　다른 마음의 재가 되지는 말아다오

　　- 중략 -

　　함부로 제 크기를 재거나

쓰임을 알기 위해 소리치지 말아다오
말처럼 뜨겁고 사나운 목소리를 내기 위해
제 맘이 하는 말 알아듣지 못하여
머뭇대는 바람이 되지 않게 해다오

- 「마음이 마음에게」 부분

최 시인은 그동안 실의에 빠졌던 지난날에 대해 아프게 자책으로 일관하던 태도를 거두고 그 모든 잘못과 과오를 보듬으며 스스로를 위로해야 한다는 것을 알게 되었다. 세상이란 '길가의 돌멩이조차 함부로 놓여있지 않듯' 모든 것은 그 본래의 뜻이 있는 법이니 부디 '다른 마음의 재'가 되지 말고 '머뭇대는 바람'도 되지 않기를 홀로 다지는 것이다. 무릇 흔들리지 말고 다시 일어나 걷기를 지금의 마음이 이제 새롭게 다시 태어날(?) 마음에게 조용히 권하는 것이다.

무릇, 감사란 가난한 마음으로부터 시작된다. 가질 것 다 가지고 누릴 것 다 누리는 사람에게 감사는 없다. 따라서 우리는 내 가난함과 나의 부족함과 그리고 누릴 것 없음을 기뻐하여야 한다.

사랑하는 것은 죄가 아니다
사랑하지 않는 것도 죄는 아니다
눈은 마음의 창이 아니라
건강의 창이라는 걸 알고 난 다음부터
날마다 맨 처음의 하늘

맨 처음의 새벽을 본다
그 하늘
그 새벽은
놀랍게도 내게 행복한 인사를 한다
반짝, 새벽 별이 빛난다
스쳐 지나간 바람에게서 듣는다
오늘이 없으면 내일도 없단다
그대 가끔 휘파람 소리 듣겠지만
이제는 어제를 놓아주거라
살다 보면 수십 년의 시간마저
거짓말처럼 무너져버리기도 하지
그래서 일이건 사랑이건
평생을 걸지 않으면 안 되는 거구나
그런 거구나
생각하게 되는 거란다

– 「바람의 말」 전문

 최 시인은 한때 시력을 잃고 실명의 위기 속에서 방황한 적이 있다는 것을 안다. 그 어둡고 깜깜했을 시간을 떠올려보면 누가 감히 그 좌절감을 헤아릴 수 있겠는가. 그럼에도 그가 '날마다 맨 처음의 하늘/ 맨 처음의 새벽을' 보기 위하여, 아니 그 하늘 그 새벽이 주는 행복을 느끼기 위하여 하루하루 지새웠을 기다림이란 얼마나 경건하고 경외로운 일이었을까. 새롭게 살아간다는 것은 마음을 비우는 일이기도 했을 것이다. 그러므로 이제 열망이란 아픔과 실의에 매여있는 지난날이 아니라 '살다 보면 수십 년의 시간마저/ 거짓말처럼 무너져버리기도 하는' 그런 어제를 놓아 주는 일이라는 것을 상기하는 것이다. 무릇 삶이란 한때의 순간에 있는 것이 아니라 평생에 걸쳐서 이루어야 하는 일이거나 사랑이어야 한다는 것을, 그래서 한 번의 또는 한때의 슬픔으로 허망하게 무너져서는 안된다는 삶에 대한 결의決意처럼 들리기도 하는 것이다. '이제는 어제를 놓아 주라'는 쓸쓸한 독백이 사뭇 의연한 까닭이다.

> 봄은 꽃 넋에 앓고
> 여름엔 지나버린 봄을 아쉬워하고
> 가을, 가을엔
> 그 봄 그리워하며
> 하얀 겨울 내내
> 봄 기다리리
>
> ―「봄의 찬가」 전문

돌이켜보면 지난 계절, 그 모든 날들에는 봄이 없었다, 봄이 없었으므로 여름도 없었고 가을도, 겨울도 없었으며 한 송이의 꽃도, 한 알의 열매도 거둔 것이 없었으리라. 그러나 그렇게 해마다 황량한 겨울의 끝에서 맨몸으로 떨어야 했던 그의 고충이 부질없는 한탄과 푸념으로 시들지 않는 점에 주목해야 한다. 즉 잃어버린 봄을 다시 기다리는 시인의 갈

망이 굳은 다짐처럼 단단해지고 있다는 것이다. 그것은 세상을 바라보는 시각이, 아니 자신의 삶을 응대하는 방식이 매우 긍정적으로 바뀌어 가고 있다는 것이다. 마치 황폐한 땅에서 이름 모를 싹들이 돋아나는 찬란한 봄의 기운처럼 그의 사색과 통찰이 건강해 지고 있다는 증표일 것이다.

> 바람이 내게로 온다
> 나는 바람에게 달려간다
> 노란색
> 아, 웃고 있다
>
> - 「바람개비」 전문

최 시인은 이제 바람을 피하여 달아났던 과거의 기억을 털어버리고 불어오는 어떤 바람(고난과 시련)도 새로운 마음으로 단호하게 맞을 멋진 바람개비와 같은 결심을 하는 것이다. 마음이 따라주지 못하였던, 그래서 늘 안타깝고 힘들었던 지난날을 남김없이 지우고 새롭고 의미 있는 일상을 회복하려는 매우 도전적인 메시지이기도 하다. 과감하게 바람을 맞는 일, 비굴하게 도망치지 않는 일, 열정으로 달려가는 일, 그리고 매사에 긍정으로 살아가는 일…, 그 모두가 한동안 잃어버리고 살아왔던 시인의 쓸쓸한 뜨락에 햇살처럼 환하게 웃는 노오란 봄으로 피어나는 긍정의 빛들이 파랗게 하늘로 솟아오르는 느낌이다.

3. 위무慰撫의 노래, 그 날개 위에 홀로서기

  세상의 상처들이란 한 마디의 위로와 위안으로도 치유될 수 있다. 그러므로 내게 단 한 사람의 위로자가 있다고 한다면 그것은 얼마나 다행한 일인가. 시인에게는 허황하고 막막한 시간과 마주칠 때마다 홀로 찾아가 길을 물어야 했던 바다가 있었던 것이다.

> 발길 닿는 곳에 늘 바다가 있었다
> 거세게 휘몰아치다가도
> 어느새 잠잠해지곤 하던 바다에게
> 나는 수 없이 길을 물었다
> 누군가의 이별을
> 어떤 이의 가슴 뛰는 미래를
> 품에 안고도
> 바다는 말이 없다
> 세상을 다 품은 바다는 없다고
> 모든 걸 다 가진 사람은 세상에 없다고
> 파도의 이랑만큼만
> 겹겹이 길을 내며 살아야겠다고
> 바다에게 말을 걸어본다
> 속 깊은 바다 수면 위로
> 문득 햇살 차오른다
> 마음 닿는 곳에 늘 바다가 있었다
>
>   - 「내 마음의 바다」 전문

그렇지만 위로를 받으려 하였으나 끝내 아무런 대답이 없는 내 마음의 바다를 깨우며 시인은 생각하는 것이다. '거세게 휘몰아치다가도/ 어느새 잠잠해지곤 하던' 그 조용한 몸짓에는 사람들이 지닌 '상처'라는 것들이 어쩌면 하나의 '욕심'으로부터 생겨난 과욕이나 허물이 아니었는지를 말이다. 그리고는 이내 '파도의 이랑만큼만/ 겹겹이 길을 내며 살아야겠다'는 겸손한 성찰을 통하여 산다는 것이란 충만하게 채우는 것이 아니라 풍성하게 존재한다는 의미를 깨닫는 것이다. 그리하여 늘 길을 물어야 했던 그 마음의 바다란 ('내 안에서/ 나를 품는 바다'를 「엄마」라고도 표현했지만) 그 누구도 아닌 바로 자기 자신의 가슴이었다는 것을 확인하는 것이다.

 그런 시인의 마음에 서서히 불타오르는 것이 있다. 그동안 실의와 좌절 속에 폐기되었던 그의 시적 열망들이 혹독했던 겨울을 이겨내고 솟아오르는 것이다. 아니, 그 겨울의 눈보라와 폭설이 새하얀 빛의 봄꽃으로 피어나는 것이다.

  눈으로
  입으로
  가슴으로

  베인 자리 붉은 꽃물이 들 때까지

    - 「시 읽기」 전문

최 시인의 시에 대한 감회는 간단명료하다. 아니 그 의지가 절절한 것이다. 다른 더 이상의 말이 개입할 틈조차 보여주지 않을 만큼 단호하다. '눈으로/ 입으로/ 가슴으로' 그렇게 온몸으로 느끼며 부딪히는 모든 아픔들을 마침내 꽃으로 피워내는 지극한 인내와 몸부림을 익힐 수 있기를 스스로에게 권유하는 경구警句다. 시에 대한 시인의 단단한 시작詩作 태도가 엿보이는 대목은 다음의 시詩에도 나타난다.

> 때로는 시를 쓰는 일이
> 하찮게 여겨질 때도 있지만
> 몇 날을 끙끙대도 보이지 않던 정점이
> 활자화되어야 보이는 미련함을
> 아찔하게 껴안아야 하는 두려움도 있지만
> 누군가의 가슴에 남아
> 꽃물로 번져 갈 수 있다면
> 시인은 그 마음 멈추지 않으리
>
> - 하략 -
>
> - 「시인의 말」 부분

시인이란 '자신을 스스로 알리는 사람이 아니라 누군가에 의해서 알려지는 사람이다. 정치가처럼 자기를 선전하는 자가 아니라 아름다운 꽃처럼 누군가에 의해서 발견되는 자(오세영 시인)'라고 하였다. 시인 또한 자신의 시에 대한 어려움을 토로하며 날마다 두려움으로 고심하지만 그럼에도 '누군가의 가슴에 남아/ 꽃물로 번져 갈 수 있'기를 바라는 소박한 마음만은 간절한 것이다. 그러므로 날마다 끊임없이 '다독多讀, 다작多作, 다상량多商量'의 노력을 통하여 진정한 시詩, 아름다운 별 같은 시詩를 꿈꾸고 싶다는 열의熱意 또한 뜨거운 것이다. 그러나 시인으로서 철저히 가슴에 새기며 살아갈 일이란 시詩가 그저 감상에 젖는 세속의 웃음이나 울음이 아닌 삶의 진정한 감정에 의지하여 눈물짓거나 환호하는 정직한 노래가 되어야 한다는 것이다. 정작 마음과 정성을 다한 시를 쓰고 싶다는 스스로에 대한 충언이기도 한 것이다.

> 시집을 내야겠다는
> 생각만으로도
> 마음이 설렌다
> 언젠가 그대 생각에
> 잠 못 이루던 밤처럼
>
> -「첫사랑」전문

 꿈이 다시 생겼다는 것은 상처 회복의 증표다. 시인은 그동안의 아픔들을 모아 그렇게 갈망하던 시집을 펴냄으로써 그 시詩의 날개로 홀로서기에 이른 것이다. 셀렘과 기쁨을 첫사랑에 견주어도 다 채울 수 없을 것 같다. 잠 못 이루는 밤이 한순간 계속될 것처럼 여겨지는 까닭이다. 무엇보다도 지난날의 슬픔을 떨쳐내고 새로운 마음으로 희망의 삶을 가꾸어 가는데 그의 시詩들이 큰 몫을 했다는 점이 감사할 따름인 것이다.

>
> 10년을 아팠다
> 마음은 더 오래 아팠다
> 쓰러지다
> 일어서다
> 일어서다 쓰러지다
> 반복에 반복을 더하고서야
> 나는
> 내가 되었다
>
> -「비상飛上」 전문

아프지 않은 삶은 없다고 한다. 꽃도 다 아프게 피어나고, 봄도 사납고 추운 겨울을 견디고서 찾아오는 것이다. 그러나 그 아픔이 정작 나의 몫으로 다가올 때 우리는 얼마나 절망하고 낙심하는지 모른다. 10년을 아팠다는 시인의 삶이란 어떠했겠는가, 그저 하루하루의 고통 속에서 쓰러지고 일어서기를 반복하며 다만 아프지 않기만을 기도하였을 것이다. 그러므로 돌이켜 생각하면 내 꿈과 내 바람과 내 사랑이 모조리 실종되어버린 그때, 그는 다만 무통無痛(?)의 시간에 갇혀서 '내'가 아닌 전혀 다른 타인으로 존재하고 있었던 것이다.

그런 과거를 떨쳐내며 이제 날아오르려는 것이다. 따라서 '나는 내가 되었다'는 표현이야말로 새로운 꿈과 희망과 용기를 보여주는 자신에 대한 무한한 긍정의 예언豫言인 것이다. 제대로 자신의 삶을 지키며 살아갈 수 있는 건강한 심신으로 되돌아왔다는 선언이기도 한 것이다.

4. 세상의 모든 슬픔들에게 바치는 감사 기도

돌이켜보면 시련이란 끊임없이 나를 흔들고 괴롭히기도 했지만 어쩌면 나를 단련시키는 힘이었을지도 모른다. 거칠고 험난한 격랑을 헤쳐온 사람들이라면 웬만한 파도를 두려워하지 않을 것이다. 그것은 시인이 겪은 시련이 가져다준 선물이기 때문일 수도 있는 까닭이다. 그러므로 우리는 시련을 당할 때 도리어 감사하는 마음을 가져야 하는지도 모를 일인 것이다. 시인은 조심스럽게 그런 슬픔을 일깨우며 기도하는 것이다.

정말로 아프면
마디가 꺾인 채로는
소리 내어 울지 않는 법
기어이 치유할 수 없는 통증으로 밤을 새워도
흔들리지 않는 눈빛으로 새벽을 걷고
갖고 싶은 그 어느 것도 소유하지 말고
다만 할 수 있는 일을 하는 것
기도란

소리 내어 무릎을 꿇는 일이 아니라
마음속에 꽃등 하나
간절하게 밝히는 일이란다

- 「기도에 대하여」 전문

애초에 세상에는 시련이나 역경이 존재하지 않는 것이다. 다만 고통을 조절할 힘이 필요한 것인데 그러한 힘은 또한 누구에게나 주어지는 것이 아니다. 고통의 층위를 나누어 들여다보고 치유하는 과정이 자연스러울 때 세상의 모든 것들이 나와 연결되어 있음을 깨닫게 되는 것이다. 그러므로 우리가 시련이나 역경이라고 여기는 그 일들을 통하여 좋은 것을 배우며 건강한 삶을 실천해 나가도록 하여야 한다는 시인의 기도는 일상에 대한 매우 긍정적이고 적극적인 자세를 보여주고 있다. 그리하여 '선善을 창조하는 가치 있는 사람, 따스함을 잃지 않는 너그러운 사람, 그리고 하늘의 뜻을 따르며 유혹과 고난에 휩쓸리지 않는 바른 사람으로 살아가기를 기도하는 (「나를 위한 기도」) 마음'에 삶에 대한 감사와 겸손과 경건함이 가득하다.

나아가, 기도란 그저 아픔과 설움을 달래거나 자기의 소욕所欲을 채우기 위해 무릎을 꿇고 비는 주문呪文이 아니라, 주어진 현실 안에서 자기의 최선을 다하고 바라는(盡人事待天命) 그 간절함에 꽃등을 밝히는 일이라는 해석 또한 얼마나 솔직하고 담백한가. 시인의 삶에 대한 태도가 여느 신앙인 못지않게 냉철하고 굳건함을 드러내는 시詩라고 아니할 수 없다.

그러한 소망을 담은 짧은 형식의 시들이 눈에 띄는데 이것은 최 시인이 '두줄시인협회'에 참여하여 활동했던 그 시작詩作의 결과와 무관하지 않은 것 같다. '두 줄시'와 같은 짧은 형식의 시? 〈시는 압축하고, 생략한다. 말을 하다가 마는 것, 그것이 시의 특징이다. 시는 하나의 말없음표…, 그 말없음표로 가장 깊은 감정을 노래한다. 그러므로 짧은 시는 긴 시보다 더 많은 것을 말할 수 있다. 몇 마디의 말, 눈빛, 손짓 같은 것으로 언어 너머의 것을 이야기해야 한다.〉 이는 단 한 줄의 시로 계절과 자연을 노래하면서 생의 핵심에 가장 근접한 문학으로 평가받는 일본의 짧은 시, '하이쿠'의 대가大家 '바쇼'의 말이다. 그러한 형식을 차용한 두줄시 형식의 시들 또한 압축과 절제를 통한 여백의 미를, 그리고 감동의 여운을 남기는데 부족함이 없다.

그리고 그러한 압축과 절제의 짧은 공간에 지난날의 슬픔들을 고스란히 베어내고 새롭게 뻗어갈 삶의 무한한 희망과 꿈을 심는 기쁨을 누리고자 하는 것이다.

   손바닥만 한 어둠이 하늘을 다 가린 줄 알았다
   빛을 향해 달리는 문

   - 「터널」 전문

삶의 기쁨이란, 아니 우리가 오늘보다 더 나은 삶을 살아갈 수 있는 힘이란 어쩌면 '깨달음'에 있는 것이다. 그리고 그러한 깨달음은 또한 '성찰省察'로부터 생겨나는 것이다. 깜깜하게 암흑으로 덮힌 그 터널이 빛을 향해 달려가는 문이었다는 사실을 깨닫는 순간, 그 찬란한 사고의 반전反轉에 감히 누구라고 소스라치지 않겠는가. 상황을 바라보는 시각이 매우 긍정적이고 포용적이라는 느낌이 드는 까닭이기도 한 것이다.

뿐만 아니라, '마음이 하늘보다 푸르다는 것을/ 사랑이 바다보다 깊다는 것을 알 때까지 (「심연」 전문)'와 '푸르른 여름 기어이 닮고만/ 연초록 땀방울 이토록 눈부실 줄이야 (「청포도」 전문)라고 짧게 노래한 앞의 두 시는 하나의 풍경을 보여주듯 시적 이미지가 매우 선명한 시詩다. 그것의 특징은 각각의 의미를 이미지화함으로써 시詩가 말하려는 뜻을 맑고 선명하게 전해주는 한편, 나머지의 침묵에 대해서는 독자들의 무한한 사유思惟의 몫으로 남겨두려는 의도라고 여겨지는 것이다.

지난날에 대해 미련 없음을 드러내는 시인의 마음이 이렇게 유쾌하다니! 또 하나의 출발을 위해서는 좋든 나쁘든, 슬픔이든 기쁨이든 그동안에 간직하고 있었던 모든 것들을 내려놓고 아니, 던져버리고(?) 새롭게 다시 시작하는 것이다.

말이 길구나
소란스럽지 않게
나를 돌보는 거야
세상을 다 가진 것 같은
세상을 다 잃은 것 같은

그런 기쁨, 그런 슬픔
한 번쯤은 가져봤잖아
오늘이 내 인생에서
가장 아름다운 날
자, 이제 시작이다

- 「출발」 전문

차분하게 정돈된 마음으로 구차한 변명이나 설명이 필요치 않은 심중의 소리를 들으라는 것이다. 일체의 소란함을 가라앉히고 눈을 감으면 지난날들이 그저 한스러운 것은 아니라는 걸 깨닫게 될 때, 세상의 기쁨도 슬픔도 모두가 다 한 번쯤 가져봤던 한때의 일이었다는 것을…. 그러므로 삶이란 과거도 미래도 아닌 바로 '지금의 때'를 말하는 것이라고 이야기하고 싶은 것이다. 일어나서 다시 시작하는 오늘이 내 인생의 가장 아름다운 날이 되기를 바라는 시인의 힘찬 '출발'이 참으로 기대되는 까닭이다.

꽃바람 일 듯
마음이 바빠지면 생각해요
더는 기다릴 수 없어서 봄이 오는 거라고
흰 눈이 오래 머물지 않는다 해도
꽃이 더디 핀다 해도
내 안에 그리움을 키우겠어요
어머니의 모순 위에 쌓여있는 내 모순덩어리를

더 빨리 눈치챘어야 했다는 걸
몇 번의 봄이 훌쩍 가버린 후에야 알게 되었지만
그뿐이겠어요?
여전히 봄은 오고
하늘과 땅에 꽃들 눈부신데
겨울, 그리고 봄
순리대로 사는 법을 배워야겠어요
아름다움을 익혀야겠어요

- 「봄 편지」 전문

최 시인의 '봄'에 대한 사색은 수없이 많은 갈래 속에서 피어나기도 하고 저물기도 한다. 한때는 희망이었다가 어느 때는 절망이 되기도 하며, 한때는 그리운 날이었다가 어느 때는 지워버리고 싶은 시간이기도 한 것이다. '그 봄 그리워하며/ 하얀 겨울 내내/ 봄 기다리리 (「봄의 찬가」 부분)'와 같은 희망과 '꽃들의 시선보다 더 먼저/ 가슴에 새겨지는/ 일등바위/ 일등바위// 그보다 더 빨리/ 내 몸속으로 흐르는/ 초록의 아지랑이들/ 다시/ 봄이 오는 소리를 들어 보아라 (「유달산의 봄」 부분)' 라는 꿈을 노래하기도 하였지만 '바다는 온몸을 부딪쳐/ 차르르 차르르 소릴 내는데/ 나는 평생을 부딪쳐 무슨 소릴 했을까 (「노을공원의 봄」 부분)'라고 실망스런 탄식을 쏟아내기도 하였던 것이다. 그것은 시인이 처했던 삶의 환경에 투영된 자신의 내면에서 끓어오르는 그저 순박한 감정에 다름 아니었을 것이다.

그러던 시인이 이제는 '꽃바람 일 듯' 설레는 마음으로 '봄 편지'를 쓰고 있는 것이다. 더는 기다릴 수 없는 봄, 내 안에 간절한 그리움이 있다면 흰 눈 속일지라도, 꽃이 더디 핀다 할지라도 정녕 그 봄이 온다는 것을 몇 번의 봄을 떠나보내고 나서야 이제 믿게 된 것이다. 시인의 마음에는 이미 봄이 왔고 꽃들이 눈부시게 피어나고 있다. 봄을 맞기 위해서는 반드시 겨울을 통과하여야 한다는 세상의 그 아름다운 순리를 보여주는 '겨울, 그리고 봄'이라는 한 행의 시구詩句를 우리는 오래도록 음미해보아야 할 것이다.

가만히 눈을 감아본다. 지천명知天命을 헤아려본다. 하지만 어찌 하늘의 뜻을 알 수 있을까. 그 무엇도 들여다볼 수 없는 세상은 여전히 깜깜하고 난감할 뿐인 것이다.

함부로 놓여있는 의자는
시선을 불편하게 한다
그러다가 마음까지 불편하게 한다
함부로 놓여있는
의자는 되지 말자

길 밖에서 길을 찾는 것이
젊음이라면
나이 들어간다는 건
길 위에서 길을 잃어가는 것은 아닐까

길이 될 수 없다면

누군가의 의자가 되어주는 것도
괜찮을 거라며
툭, 어깨를 치는 햇살 한 줌
당신의 하루도
누군가의 의자가 되기 위해
바쁘고 휘청거렸다는 걸 안다는 듯이
조심조심 노을빛에 물들어간다

- 「*지천명(知天命)의 노래」 전문

최 시인은 '오십'의 세월 속에 뒹구는 스스로를 일으켜 세워놓고 다그치는 것이다. 그동안 무엇으로 살아왔으며 어떻게 살아왔는지를 묻는 것이다. 특별히 '의자'라는 객관적 상관물을 굳이 활용한 까닭은 무엇이었을까. 그것은 '의자'가 '남을 위해 사용되는 도구'인 것처럼 그 자신도 이웃에게 유용한 삶을 살고자 했던 고백이라고도 할 수 있을 것이다. 그러나 문제는 '함부로 놓여있는 의자'에 있는 것이다. 예를 들면, 의자나 벤치는 한적한 공원이나 숲길 같은 곳에 놓여있어야지 번잡한 시내 한복판에 있다면 도리어 불편거리만 되기 때문인 것이다. 그러므로 놓여있을 곳에 있는 '쓸모 있는 의자'가 되어야 한다는 것을 명심하라는 뜻인 것이다, 뿐만 아니라, 이제는 길이라는 어떤 형식이나 틀, 고정관념 같은 것에 매이지 말고 넉넉하고 자유롭게 살아갈 것을 권유하고 있기도 하다. 그러면서도 끝내는 '누군가의 의자가 되어주는 것도/ 괜찮을 거라며' 그동안 '바쁘고 휘청거렸던 것이 사실은 누군가의 의자가 되기 위한 일이었다'는 아쉬운 자기 고백과 앞으로의 다짐을 노을빛에 조용히 띄워 보내는 것이다.

그렇다, 돌아보니 그동안의 슬픔들이 나를 일으킨 '힘'이었음을, 그리고 그 시련과 고난의 날들 또한 꽃을 피우기 위한 '바람'과 '비'였음을 비로소 깨닫는 것이다. 시인은 이러한 모든 길이 정작 자신에게 주어진 '꽃길'이었음을 감사히 받아들이며 경건한 마음으로 조용히 기도하는 것이다.

> 꽃길만 걸으랬더니
> 바람 불고 비도 오더라
> 바람 불고 비 오는 길
> 꽃길이 아닌 줄 알았는데
> 하얀 눈 내리니
> 꽃길 더욱 눈부셔라
>
> - 「꽃길」 전문

삶의 고통과 상처와 슬픔을 압축하여 언어로 표현한 것이 시詩라고 했다. 그런 점에서 최은하 시인의 시집 『내 마음의 바다』에 실린 각각의 시편(74편)들은 그간의 삶을 바탕으로 하여, 지난했던 세월과 시간을 거슬러 오르내리면서 고난과 시련이란 왜, 그리고 누구를 위하여 존재하는지에 대해 끊임없는 물음을 던지고 있다. 그리고 그런 실의와 좌절과 미욱한 꿈이 들려주는 조용한 대답에 귀를 기울이기도 한다. 외롭고 쓸쓸한 기대와 막막한 희망 속에서 수없이 많은 밤을 지새운 시인은 그러다가 아직까지 그 누구에게서도 들어보지 못한 '긍정'이라는 내면의 신령스러운 소리를 듣는 것이다. 일어나, 걸어라, 그리고 날아라 훨훨…, 어느새 그것들은 영혼을 위무慰撫하는 하나의 빛이 되고 날개가 되어 새로운 삶에 대한 희열에 젖는다. 그리하여 비로소 '고통과 슬픔'이란 도리어 삶을 아름답게 이끌어주는 '거룩한 힘'임을 온몸으로 깨닫는 것이다. 마침내 시인은 조용히 무릎을 꿇고 기도祈禱하기에 이르는 것이다, '나를 괴롭혔던 모든 고통들이여, 많은 슬픔들이여, 그동안 감사하였습니다…' 라고.

  이제까지 나는 최은하 시인의 삶의 여정을 따라가듯 각 편의 시를 통해서 시인의 가슴에 내재된 삶에 대한 의식과 감정을 살피는 일(감상 중심)에 주목하였던 것이다. 즉 사람들이 어떻게 아픔과 상처를 견디면서 단련되고 단단하게 성숙해 가는지에 대하여, 그리고 삶에 대한 태도는 어떠해야 할 것인지 등에 대해서 다만 살펴보기로 하였던 것이다. 따라서 시의 구성과 발상, 주제, 의식구조, 비유와 묘사, 서술 등의 기법에 대해서는 독자들의 몫으로 남겨두기로 했음을 밝혀둔다. 그럼에도 시가 혼자만의 부르짖음이나 허황한 독백이 되지 않아야 할 까닭은 공감共感에 있다고 생각한다. 좋은 문장과 멋진 수사와 묘사가 있을지라도 고개가 끄덕여지지 않는 시란 조금 읽기에 난감할 것이다, 감히 바라건대, 부디 독자들의 가슴에 항상 깊은 감동을 전하는 건강하고 탄탄한 자기만의 시 세계를 더욱 활기차게 펼쳐 나아가기를 기원드린다.

  끝으로, '정성과 시간을 들이지 않고/ 얻어지는 것은 없다./

쉽게 잠이 깨는 봄밤/ 내 마음이 닿는 모든 것들이/ 바다였던 순간들/ 시 앞에 거듭 무릎 꿇던 시간들을/ 여기 내려놓는다.'라는 최은하 시인의 말처럼 시집『 내 마음의 바다』안에 들어있을 '태풍 몇 개, 천둥 몇 개, 벼락 몇 개, 그리고 무서리 내리는 그 몇 밤(장석주의 '대추 한 알' 일부)'을 가만히 떠올리며 아름다운 첫 시집을 세상에 내놓는 최은하 시인께 박수를 보낸다.

사의재 서정시선 13

내 마음의 바다

1판 1쇄 인쇄일 | 2022년 8월 26일
1판 1쇄 발행일 | 2022년 8월 30일

지은이　　최은하
펴낸이　　신정희
펴낸곳　　사의재
출판등록　2015년 11월 9일　제2015-000011호
주소　　　전라남도 목포시 용당로 331번길 88, 202동 202호
전화　　　010-2108-6562
이메일　　dambak7@hanmail.net
ⓒ 최은하, 2022

ISBN 979-11-6716-054-6 03810

지은이와 출판사의 동의 없이 이 책의 내용 중 전체 또는 일부를 인용하거나 발췌하는 것을 금합니다.

값 10,000원